O. MONGE

LA
CAPITULATION DE LAPALUD

CAMPAGNE
DU DUC D'ANGOULÊME DANS VAUCLUSE
(Mars-Avril 1815)

AVIGNON

SEGUIN FRÈRES, IMPRIMEURS-ÉDITEURS

13, rue Bouquerie, 13

1894

O. MONGE

LA
CAPITULATION DE LAPALUD

CAMPAGNE
DU DUC D'ANGOULÊME DANS VAUCLUSE
(Mars-Avril 1815)

AVIGNON
SEGUIN FRÈRES, IMPRIMEURS-ÉDITEURS
13, rue Bouquerie, 13

1894

LA CAPITULATION DE LAPALUD

CAMPAGNE DU DUC D'ANGOULÊME
DANS VAUCLUSE

— Mars-Avril 1815 —

Les faits que nous tentons d'exposer, ont le tort, au lieu d'appartenir à la guerre étrangère, de s'être passés sur notre sol, entre Français, au moment ou Napoléon tentait contre la fortune l'effort qui devait aboutir au désastre de Waterloo. Pendant qu'à la frontière, nos soldats livraient les dernières batailles où le drapeau tricolore s'ensevelit dans sa gloire, d'autres, moins heureux que leurs camarades tombés à Ligny ou à la Haie-Sainte, faisaient, dans le Midi de la France, une campagne peu connue, où ils avaient pour adversaires leurs frères d'armes de la veille.

Ces événements ayant eu lieu en partie dans le département de Vaucluse et s'y étant terminés, nous avons cru de quelque intérêt d'en faire une relation exacte et impartiale, cherchant à rendre justice à tous dans cette lutte, où, si le sang français a coulé de part et d'autre, chacun du moins a fait son devoir de soldat, sans que l'honneur militaire ait subi aucune atteinte.

I

Le duc d'Angoulême à Bordeaux, son départ pour le Midi —
Avignon au mois de mars 1815 — Arrivée du prince dans
cette ville — Revue à l'Oulle.

Le 9 mars 1815, une fête splendide réunissait à
Bordeaux l'élite de la noblesse et de la bourgeoisie,
autour du duc et de la duchesse d'Angoulême en
voyage officiel. Fleurs, chants, lumières, ovations,
rien ne manquait ; la population semblait partager
le zèle des autorités empressées autour des princes,
et la duchesse, radieuse et souriant à chacun, pouvait se croire entourée de sujets à jamais dévoués
à sa dynastie. Après ses cruelles infortunes, la
fille de Louis XVI, qui voyait l'enthousiasme à son
comble, pouvait se laisser aller à la joie, et goûter
le bonheur de revoir sa patrie après tant d'années
d'exil.

A minuit, le duc d'Angoulême, se rapprochant
de la princesse, échangeait, avec elle, quelques mots
rapides, puis, sans que rien trahît en lui la moindre
émotion, montait en chaise de poste, et prenait au
triple galop la route du Midi. Bientôt après, le
bruit se répandait qu'une nouvelle grave forçait le
duc à ce brusque départ ; puis, la vérité se faisant
jour, le bal cessait, chacun se retirait en proie à
la plus vive émotion, et les groupes se dispersant,
chuchotaient à voix basse que Napoléon venait de
débarquer de l'île d'Elbe ! ! ! !

Grave nouvelle en effet ! et qui courut immé-
diatement avec la rapidité d'une traînée de poudre.
Un courrier envoyé par M. de Vitrolles, dans la
nuit du 5 au 6, arrivait à Bordeaux lorsque l'Empereur en marche depuis le 1er mars était entré à

Gap, aux acclamations de tout le pays, et à la
veille de voir se déclarer pour lui les troupes envoyées pour le combattre. Ainsi que l'avait prévu
le grand capitaine, l'aigle volait de clocher en clocher
jusqu'aux tours de Notre Dame. Il n'y avait pas un
moment à perdre, et le duc d'Angoulême partait sans
retard pour Nîmes, où il allait prendre le commandement des 5ᵉ et 6ᵉ divisions militaires du Midi.

Un gouvernement central, établi à Toulouse,
sous la présidence du baron de Vitrolles, commissaire général du roi, était chargé de seconder la
duchesse d'Angoulême restée à Bordeaux, et créait
un « Moniteur Officiel » (qui ne vit le jour qu'une
fois). Pendant ce temps, le duc se rendait à Nîmes.
Arrivé dans cette place, le prince commençait par
destituer le général Gilly, dont la fidélité lui semblait douteuse, et continuait rapidement sa route
dans le but de soulever en sa faveur les villes du
Midi, puis de se mettre à la tête des troupes dont
il pourrait disposer, pour prendre l'offensive et se
porter au-devant de « l'usurpateur ».

De Nîmes, le duc d'Angoulême allait inspecter
la place du Pont-St-Esprit, puis, passant le Rhône,
suivait la rive gauche du fleuve, et marchait sur
Avignon par la route de Marseille, ancienne route
de Lyon en Provence, entretenue de temps immé-
morial par les ingénieurs du roi de France, même
sur la portion du territoire pontifical qu'elle traversait autrefois. Le prince allait trouver l'ancienne
ville des Papes en effervescence : depuis le débarquement de l'Empereur, une sourde agitation ré-
gnait, en effet, dans Avignon, où les autorités redou-
blaient de rigueur envers les officiers en demi-
solde, les militaires et les gens du peuple restés
fidèles à Napoléon, qui déjà relevaient la tête. Mais,
bien qu'ils eussent pour eux le nombre, le zèle des

amis du roi menaçait d'être impuissant, et cela
d'autant plus que, comme il arrive en pareil cas,
les bruits les plus contradictoires et les plus absurdes allaient leur train, sans qu'on en pût connaître
l'origine, et semaient partout le trouble et l'hési-
tation. Ainsi, du 9 au 10 mars, on prétendait que
Napoléon et sa troupe étaient cernés à St-Bonnet
(Basses-Alpes); aussitôt, la garde urbaine avignon·
naise, et 3 ou 400 volontaires de la ville recevaient
l'ordre d'aller s'emparer de l'Empereur (qui ce
soir là couchait à Lyon). Réunis le 10 au matin
sur-la place de l'Horloge, les Avignonnais atten-
daient jusqu'à deux heures, des cartouches et du
pain, qui n'étant pas prêt ne put être touché;
mais, remplie d'un enthousiasme digne d'un meil·
leur sort, la garde urbaine n'hésitait pas à partir
sans pain, prenait en passant à l'Isle-sur-Sorgue
le contingent de cette ville, et suivie des volontaires, arrivait à Céreste. Là, au lieu de Napoléon
vaincu et désarmé, les Avignonnais trouvaient une
proclamation du préfet des Basses-Alpes, annon·
çant « le débarquement de Sa Majesté Impériale »
et ordonnant aux autorités de « lui prêter main-
forte » Cet événement inattendu refroidit leur ardeur, et tous, l'oreille basse, regagnaient la cité
papale, la garde urbaine à cheval le 13, et l'infan·
terie le 14 (1).

Pendant leur absence, on avait appris à Avignon
l'entrée triomphale de l'Empereur à Grenoble; les
troubles avaient pris un caractère alarmant, et les
autorités avaient, le 12 au soir, fait fermer le théâ-
tre, dont l'affiche portait *La partie de chasse de
Henri IV*, les allusions contenues dans la pièce,
pouvant être l'occasion de troubles des plus graves (2). Enfin, les fidèles s'empressaient dans les

(1) Journal du notaire Chambaud. — (2) Id.

quatre paroisses de la ville (St-Agricol, St-Pierre, St-Didier et St-Symphorien), où des prières publiques pour « *le salut de la patrie* » étaient dites chaque soir, suivies de la bénédiction solennelle.

Tel était l'état des esprits à Avignon, lorsque le duc d'Angoulême y arriva le 15 mars.

Ici, se place un incident tout naturel, et où l'on crut, disent les contemporains, voir «une trahison atroce. » Le prince, avons nous dit, après avoir traversé le Rhône à Pont-St-Esprit, arrivait par la route de Lyon, et devait, par conséquent, se trouver en face de la porte St-Lazare, qui depuis des siècles servait à l'entrée dans Avignon des pontifes, souverains, princes, légats et autres grands de la terre Au mois de juillet de l'année précédente, le comte d'Artois, père du duc, avait, selon l'usage, fait son entrée dans la ville des Papes par la dite porte, et son fils pouvait s'attendre à la même réception et au même cérémonial. Mais, soit hasard, soit malentendu, et cette explication est la plus probable, le cortége officiel, les autorités civiles et militaires et la garnison sous les armes, ainsi qu'une foule de curieux, étaient venus recevoir le prince à la porte de l'Oulle, attendant son arrivée par le pont, alors que de Nîmes, il avait fait par Pont-St-Esprit, un détour peut-être décidé après coup. Dans ces conditions, la chose s'explique d'elle-même, et l'on conçoit aisément que le duc soit entré par une porte pendant qu'on l'attendait à une autre, mais cet événement de peu d'importance fit sur lui la plus pénible impression.

Le prince, en effet, arrivant à la porte St-Lazare, n'y trouve personne ; pas de cortége, pas de troupes formant la haie, pas de députations, la rue est déserte ; seul un adjudant de place, debout à l'entrée du ravelin, lui indique le chemin de la Préfecture (1). Cet officier, avignonnais de naissance, paraît-il, et dont le nom n'a pas été conservé, le complimente par ces seuls mots : « Mon prince, je vous salue ! » (2) Escortée de quelques gendarmes, la chaise de poste du duc s'engage dans les rues Carreterie, Philonarde et des *Lisses* ; un instant après, et sans avoir été reconnu, le prince arrivait à la bibliothèque publique (3), où il trouvait enfin le préfet, M. de Vansay, qui prévenu trop tard avait quitté l'Oulle, en toute hâte, et accourait au-devant de lui, suivi des autorités, passablement confuses.

Après un repos de quelques instants à la Préfecture, le duc d'Angoulême, revêtu de l'uniforme de Lieutenant-Général, se rendait à l'Oulle, pour y passer en revue la garde nationale et la garnison. Très acclamé le long de son parcours, il arrive sur le terrain, où il reçoit l'accueil le plus enthousiaste de la garde urbaine, milice citoyenne, destinée comme son nom l'indique, à maintenir l'ordre dans la ville, mais il n'en est pas de même lorsque le duc passe devant le front du régiment de Berry, l'ancien 6ᵉ d'infanterie, à qui la Restauration avait rendu un nom de province au lieu du numéro sous lequel il s'était longtemps illustré (c'est ce que Napoléon à Ste-Hélène appelait déterrer les morts). A l'exception des compagnies de chasseurs, où retentissent quelques acclamations isolées, les soldats de Berry gardent un morne silence, une froideur presque hostile, et l'on peut voir que, s'ils

(1) La préfecture se trouvait à cette époque dans la rue St-Agricol, hôtel d'Anglesy. L'hôtel de la Préfecture actuel n'a été acheté par le département qu'en 1822.

(2) Journal de Chambaud.

(3) Musée Requieu actuel.

portent au shako la cocarde blanche, ils ont toujours au fond du cœur celle d'Austerlitz et d'Iéna.
De nombreux cris de « Désarmez-les ! » se font
entendre au sein de la foule et dans les rangs de la
garde urbaine ; mais, le duc, impassible, refuse,
malgré son entourage, d'en venir à cette extrémité,
et, la revue terminée, rentre à la Préfecture (1).

II

Organisation de la garde nationale de Vaucluse — Le duc
d'Angoulême à Marseille et Toulon — Il établit son
quartier-général à Nîmes — Formation de l'armée royale
et des volontaires de Vaucluse — Plan de campagne du
prince.

Quelques heures après, le prince prenait au
triple galop la route de Marseille. Aussitôt après
son départ, avait lieu l'organisation de la garde
nationale de l'arrondissement d'Avignon, qui, par
arrêté préfectoral du 20 mars, demeurait ainsi cons-
tituée:

La première légion avait pour chef, M. de
Cambis-Lézan, et pour major M. Doucet.

MM. Fogasse de Labastié et Monnier, remplis-
saient les mêmes fonctions pour la deuxième légion.

Les 1re et 2e cohortes d'Avignon étaient com-
mandées par MM. Bertrand et de l'Epine, et le
marquis d'Eyragues était nommé Inspecteur général du département Enfin, le 21 mars, un nouvel
arrêté préfectoral créait deux corps de cavalerie
volontaire, aux ordres de MM. Boudard, des Tail-

(1) Chambaud.

lades et Boulard. Indépendamment de ces milices se formaient de nombreuses compagnies de volontaires, qui, avec ceux du Gard et de Marseille, devaient fournir aux troupes du prince, un renfort d'une certaine importance... numériquement du moins.

Le duc d'Angoulême avait quitté Avignon dévoré d'inquiétude ; malgré la chaleureuse réception des autorités et d'une partie de la population, il n'oubliait pas l'accueil g'acial de l'armée et sentait déjà le sol craquer sous lui.

A Marseille, cependant, il reprenait confiance; car son séjour dans cette ville ne fut qu'une longue suite d'ovations: il en fut de même à Toulon, où le maréchal Masséna lui fit force protestations de fidélité. 5000 Marseillais, demandant à grands cris à marcher en avant, s'inscrivaient comme volontaires, et le duc, applaudi avec frénésie, se laissait prendre aux bruyantes manifestations et aux promesses de dévouement, faites avec l'exubérance méridionale. Aussi, c'est presque rassuré qu'il regagnait Nîmes, où il établissait son quartier-général, et sa base d'opérations.

Bientôt, les troupes étaient rassemblées ; le 10e régiment d'infanterie, arrivé de Perpignan, traversait Nîmes pour se rendre à Pont-St-Esprit, où il devait servir de noyau à l'un des corps d'armée en formation. Ce régiment, portant depuis 1814 la dénomination de Colonel-Général, avait pour chef le comte d'Ambrugeac, sur qui le duc d'Angoulême savait pouvoir compter jusqu'au bout. Le 22 mars, un ordre général de l'*Armée du Midi* faisait connaître la composition des troupes, partagées en deux corps, ainsi qu'il suit, aux ordres du duc d'Angoulême qui s'était réservé personnellement la direction du second.

— 1er CORPS D'ARMÉE —

ÉTAT-MAJOR

Commandant en chef. — Lieutenant-Général Ernoul (1).

Maréchaux de camp. — MM. Gardanne, Peyremond et Loverdo (2).

Chef d'état-major. — Colonel baron de Jessé.

Commandant de l'artillerie. — Chevalier de Féraudy.

Inspecteur aux revues. — Chevalier Hardy.

Commissaire de guerre. — M. Guyon.

TROUPES

Le 58e de ligne, colonel Regnault (3)......	960 hommes
83e — colonel Maréchal.	920 —
37e — 3 compagnies...	200 —
9e — le dépôt, M. Chandeson............	320 --
Gardes nationales et Compagnies franches des Bouches-du-Rhône.	3.200 —
Canonniers..............	75 —
Total........	5.675 hommes

(1), (2). Il est peut-être bon de rappeler qu'alors, les appellations de Lieutenant-Général et de Maréchal de camp remplaçaient celles de général de division et général de brigade.

(3). Les numéros que portaient les régiments cités dans ce travail dataient de quelques mois à peine ; une ordonnance royale du 12 mai 1814, ayant réorganisé l'infanterie de la façon suivante.

— 2ᵉ CORPS D'ARMÉE —

ÉTAT-MAJOR

Commandant en chef. — Le duc d'Angoulême, général de l'armée du Midi.

Chef d'état-major. — Lieutenant-général d'Aultane (Chef d'état-major *de toute* l'armée du Midi).

Sous-chef d'état-major. — Maréchal de camp baron de Damas.

Lieutenant-général. — Comte Monier.

Maréchal de camp. — Vicomte d'Escars.

Commandant de l'artillerie. — Maréchal de camp, baron Berge.

Commandant la place de Pont-St-Esprit. — Lieutenant-général Merle.

Ordonnateur en chef. — Chevalier de Chef-de-Bien.

Inspecteur aux revues. — M. Sabathier.

Payeur général. — M Bricogne.

Il y avait à la fin de l'empire 156 régiments d'infanterie, dont 135 seulement existaient en réalité ; les numéros restants étaient ceux de corps presque entièrement détruits à la suite d'expéditions lointaines (St Domingue principalement). Les événements ne permettant pas de les reconstituer, leurs débris avaient été versés dans d'autres régiments, et les numéros de ces corps disparus étaient restés *vacants*. L'ordonnance du 12 mai, limitait à 90 le nombre des régiments d'infanterie dont le numérotage recommençait en suivant la série naturelle des numéros vacants ou existant effectivement. Quant aux bataillons des régiments au-dessus de 90, ils étaient versés dans d'autres régiments. Cette mesure, en comblant les vides existants, faisait descendre certains corps de plusieurs numéros. Dans l'armée du duc d'Angoulême, le 10ᵉ avait gardé son numéro, ainsi que le 6ᵉ en garnison à Avignon et le 9ᵉ. En revanche le 58ᵉ était l'ancien **62ᵉ**, le **83ᵉ**, l'ancien **102ᵉ** et le 87ᵉ avait été formé par le **106ᵉ**. Pour éviter toute confusion, nous désignerons les régiments de l'armée royale d'après la réorganisation de 1814, quitte à indiquer au besoin les anciens numéros.

Au retour de l'île d'Elbe, un décret impérial du 20 avril, abolissait cet état de choses, et rendait aux régiments d'infanterie leurs véritables numéros.

TROUPES

Le 10e de Ligne, colonel d'Ambrugeac	950 hommes
1er Royal. Etranger-Major de Montperret....................	300 —
14e Chasseurs à cheval, colonel Lemoine.....................	250 —
Gardes nationales et volontaires du Gard, de l'Hérault et de Vaucluse	3.250 —
Canonniers (avec 8 pièces).....	80 —
Total	4.830 hommes

Un troisième corps, devait être ultérieurement formé sous les ordres du général Compans ; les deux premiers, en attendant, atteignaient un effectif de 10,505 hommes, dont 6,450 gardes nationaux et volontaires.

Ces derniers affluaient de tous côtés, et ceux de Vaucluse venaient grossir les contingents de Marseille, du Gard et de l'Hérault. Le marquis de Rochegude (1) en avait levé, à ses frais, quatre compagnies dans Avignon, et la ville de l'Isle-sur-Sorgues fournissait 85 hommes, tous anciens soldats, commandés par MM. Feuillet cadet, Brunel père, Girard, officier de santé, et Honoré Donnier, lieutenant. Il y avait aussi les volontaires de Pernes, parmi lesquels le maire, M de Camaret, servait comme simple soldat ; une dernière compagnie avignonnaise avait enfin été formée par MM. d'Hugues, Colet, Barbe et l'imprimeur Seguin.

(1) L'hôtel de Rochegude existe toujours, 4, rue des Trois-Faucons.

Tout ce monde là, mal équipé, armé de fusils, sabres, fourches et faux, n'avait pour uniforme que la cocarde blanche au chapeau, avec une écharpe ou un ruban de cette couleur. De là, un coup d'œil d'une disparate achevée: les uns portaient le costume de la garde nationale, d'autres, étaient en blouse avec le shako en pot de fleur où l'ancien chapeau à claque et des buffletteries, ou des débris d'anciens uniformes. Tout cela formait avec les troupes régulières; un contraste choquant. Inutile de dire que la discipline était chose à peu près inconnue chez ces volontaires, qui, débraillés, avinés avant même d'être sortis de la place de l'Horloge, se vantaient, rien qu'à leur seul aspect, de faire rentrer sous terre les troupes impériales.

Et pourtant, c'était sur ces compagnies, que le duc d'Angoulême fondait le plus d'espoir; outre qu'elles formaient la majeure partie de ses troupes, il les croyait d'un dévouement à toute épreuve, alors qu'il n'était rien moins que sûr des régiments de l'armée. Quelques-uns de ces corps, le 10e entre autres, lui avaient donné des gages de fidélité, mais il sentait chez les autres une hostilité sourde et se souvenait du 6e, qu'il avait laissé à Avignon, sans vouloir l'emmener et pour cause! La défiance du prince était telle, qu'il avait fait offrir 60 fr par homme aux soldats qui accepteraient de quitter leur régiment pour entrer dans les compagnies franches, où ils seraient encadrés par ses dévoués partisans. Cette offre avait séduit quelques vieux soldats, qui, guerroyant depuis des années, étaient presque passés à l'état de mercenaires et prêts à servir toutes les causes, excepté celle de l'étranger. Hâtons-nous de dire que ces soldats n'étaient pas les meilleurs.

Le 27 mars au matin, le marquis de Rochegude

passait de cette troupe tapageuse une revue au cours de laquelle fut jouée « l'Avignonaise », pas redoublé de l'armée du Midi, paroles et musique de Castil-Blaze, dédié à M. le duc d'Angoulême. Cette poésie où se reflètent les passions de l'époque mérite qu'on en cite les passages suivants :

> Las de sa bassesse extrême,
> Aux honneurs du diadème
> Il (1) n'atteindra pas sitôt,
> Si d'ambition il crève.
> Enfin, s'il faut qu'il s'élève
> Qu'il monte sur l'échafaud !
>
> REFRAIN
>
> Aux armes, brave nation,
> Marchons, allons le combattre
> Et que les fils d'Henri IV
> Trouvent les fils de Crillon.

On le voit, les bons Avignonnais n'y allaient pas de main morte... en vers du moins !

Une autre rapsodie du même genre, également dédiée au neveu de Louis XVIII, contenait cette strophe qui tient du prodige :

> Que le fils de Henri (???) si cher à la patrie
> Purge le sol français de cette horde impie,
> Qui trahit ses serments, qui viole sa foi
> Et méconnait son Dieu, ses autels, et son Roi !

Comtadins et Provençaux vendaient en un mot la peau de l'ours ; leur enthousiasme ne fut même pas atténué par l'entrée de Napoléon à Grenoble et à Lyon. De tous côtés des adresses et des assurances de dévouement pleuvaient autour du prince, avec la plus incroyable platitude. Celle des légionnaires de Carpentras se faisait remarquer, entre toutes, par des termes tels, qu'il est impossible de la reproduire, le mieux est, en la lisant, de faire comme Figaro !

(1) Napoléon.

Enfin, il n'y avait pas jusque à Mgr Jean-François Périer, ancien évêque constitutionnel du Puy, occupant alors le siège épiscopal (1) d'Avignon, qui ne s'avisât de publier un mandement, menaçant ses diocésains de « honte éternelle s'ils abandonnaient les descendants de St Louis et dHenri-le-Grand ! ! »

C'est sous ces auspices, que le duc d'Angoulême allait commencer ses opérations, d'après un plan conçu par le baron de Vitrolles, et dont il est nécessaire de dire quelques mots. Au lieu de se borner à maintenir le Languedoc et la Provence sous l'autorité royale, projet d'abord adopté, ce plan consistait à prendre l'offensive pour tenter d'enlever Lyon et Grenoble à l'Empereur.

Le général en chef des troupes du Midi pensait facilement occuper ces deux villes, dépourvues de leurs garnisons qui ralliées à Napoléon le suivaient dans sa marche sur Paris; il disposait pour cela de tous les régiments qui gardaient les ports et les rives de la Méditerrannée, et dont quelques uns avaient rejoint son armée, qui devait se concentrer sous les murs de Lyon, de la façon que voici :

Le 1er corps (général Ernouf) composé de troupes envoyées d'abord contre Napoléon, et restées depuis dans la vallée de la Durance, était concentré à Sisteron, et devait se porter sur Gap et Grenoble, puis opérer sa jonction avec le 2e corps (duc d'Angoulême).

Le 2e corps, passant le Rhône à Pont-St-Esprit, y laissait le général Merle, avec deux bataillons venus de Tarascon et Beaucaire, et destinés à mettre la citadelle à l'abri d'un coup de main :

(1) L'évêché d'Avignon ne devait être érigé en archevêché qu'en 1821 par une ordonnance du roi Louis XVIII, après entente avec la cour de Rome.

Pendant ce temps, le colonel Magné, remontant
la rive droite du Rhône avec une colonne volante,
occupait Bourg-St-Andréol, et marchait parallèle-
ment aux troupes du prince, qui suivaient la rive
opposée. Ces dernières, après avoir franchi le
fleuve, devaient prendre la route de Valence et
s'emparer du cours de l'Isère.

Enfin, le 3ᵉ corps (général Compans), descendant
de l'Auvergne et du Vivarais, avait pour mission
d'occuper St-Etienne, et, soutenu sur la rive droite
du Rhône par la colone Magné, de se diriger sur
Lyon. Une fois devant cette place, il donnerait la
main au duc et au général Ernouf déjà réunis, et
tout l'effort de l'armée se porterait sur la seconde
ville du Royaume, que le prince sachant sans garnison supposait aussi sans défense.

Ce plan n'était pas sans présenter de graves dif-
ficultés : ainsi, le 2ᵉ corps d'armée (corps du centre)
s'avançait pour ainsi dire seul, et sans pouvoir se
relier avec ceux des ailes A sa droite, en effet, le
1ᵉʳ était engagé dans des montagnes d'où, surtout
à cette époque de l'année, il ne pouvait qu'avec
peine donner de ses nouvelles Le 3ᵉ corps à sa
gauche était également appelé à manœuvrer dans
des massifs montagneux d'une viabilité douteuse ;
ce corps était en outre isolé par le Rhône (à peine
traversé par de rares ponts) et se trouvait livré à
l'initiative de son chef. Indépendamment du défaut
de communications, qui était un sérieux obstacle,
il fallait, dans les Alpes et le Vivarais, marcher
en pays hostile, au milieu de populations agitées,
prêtes à se soulever, et enfin avec des troupes im-
provisées, et d'autres dont tout faisait craindre la
défection. L'entreprise était non seulement difficile, mais dangereuse, et il faut reconnaître que
le duc faisait preuve de hardiesse, et même de

témérité, étant donné surtout que l'adversaire qu'il allait affronter dans des conditions aussi défavorables s'appelait Napoléon !

III

L'armée royale entr* à Montélimar — Combat sous les murs de la ville — Entrée solennelle du duc.

Le corps du général Ernouf, réuni à Sisteron avait commencé le 27 mars son mouvement sur Grenoble : presque en même temps, le duc d'Angoulême marchait sur Montélimar. Son intention avait été d'attendre quelque temps encore, pour donner un peu plus de discipline et de cohésion à ses troupes, mais un événement imprévu avait décidé à se porter en avant. Le 3ᵉ corps (Compans), qui devait être formé à Clermont, n'avait pas même pu se réunir, l'Empereur étant reconnu dans la Haute-Loire, la Lozère et l'Ardèche, et les quelques compagnies de garde nationale rassemblées avec peine, avaient été aussitôt licenciées. Inquiet, et craignant de nouvelles défections, le duc donnait le signal du départ, espérant que peut-être ses soldats lui resteraient fidèles une fois que la poudre aurait parlé. C'est sous ces auspices peu rassurants, qu'allait s'ouvrir la campagne.

30 mars — Entrée dans Montélimar.

Les débuts semblèrent pourtant favorables ; l'armée royale entrée dans la vallée du Rhône le 28 mars, remontait le cours du fleuve, se dirigeant sur Montélimar. Dans la matinée du lendemain à 11 heures, l'avant-garde, aux ordres du Maréchal de camp vicomte d'Escars, pénétrait dans la ville, que *pas un soldat* du parti adverse ne défendait A 2 heures, d'autres troupes du prince traversant Montélimar, allaient prendre position en avant; lui-même entrait bientôt dans la ville, dont les habitants, craignant de se voir piller et saccager, avaient fait le plus froid accueil à son armée. Le jour même, le prince en écrivant à sa femme constatait que le préfet et le général Debelle, chef des troupes impériales, avaient fait dire que l'on fît bonne réception à ses troupes. Le reste de l'armée royale, sous le commandement provisoire du gén ral Monier, prenait position à Donzère.

31 mars. — Combat de Montélimar.

Quelques gardes nationaux de la Drôme, au nombre de 3 ou 400 à peine, réunis à la hâte par le général Debelle, dévoué à l'Empereur, tentent le 31 mars une démonstration contre Montélimar. Un parlementaire, envoyé par cet officier général vient inutilement sommer la ville de reconnaître le gouvernement impérial : Sur le refus des autorités soutenues par la présence de l'armée royale, le feu s'engage, les troupes du duc, plus nombreuses, ne peuvent être délogées de leurs positions, et Debelle se retire après une fusillade sans grands résultats Le soir même de l'engagement, plusieurs pelotons d'infanterie et 50 chasseurs à cheval du 14e régiment font défection et passent au général Debelle: ces 50 chasseurs formaient toute la cavalerie qui avait pris part à l'action. Un seul chasseur ne suivit pas ses camarades, et, pour prix de sa fidélité, reçut du duc d'Angoulême la croix de la Légion d'honneur.

Quelques jours auparavant, le comte d'Artois, père du prince, obligé de quitter précipitament Lyon où l'Empereur allait entrer, s'était enfui vers

Paris, également escorté d'un seul cavalier de la garde nationale à cheval, qui n'avait pas voulu l'abandonner. Un pareil dévouement méritait sa récompense, et le brave volontaire fut aussi décoré, seulement ce fut Napoléon, qui rentré aux Tuileries lui fit remettre l'étoile des braves, disantqu'il aimait à honorer tous les courages ! ! ! (1)

31 mars. — Consterné des défections de la veille, et craignant de les voir se reproduire plus nombreuses, le Maréchal de camp d'Escars reste dans Montélimar, où il reçoit un renfort composé du 10e régiment, avec 2 canons et 2 obusiers. Quant au 14e chasseurs, on l'avait laissé en arrière.

1er avril. — ENTRÉE SOLENNELLE DU DUC — Les quelques troupes qui avaient donné le 30 mars avaient été plus que suffisantes pour venir à bout d'une poignée de gardes nationaux. Le 1er avril, le duc d'Angoulême à la tête du gros de ses forces, faisait dans Montélimar une entrée solennelle, au milieu des acclamations de ses partisans, qui, prenant au sérieux l'escarmouche de la veille, se voyaient déjà maîtres de Lyon. Reçu dans Montélimar avec transport, le duc écrivait à sa femme pour lui annoncer le petit combat de la veille, que lui du moins appréciait à sa juste valeur. Il recommandait en effet à la duchesse de faire faire « un petit bulletin exagéré de l'affaire » (*sic*) et lui disait que, si Debelle n'avait pas de troupes de ligne, il avait rassemblé tous les mauvais sujets du pays. « Je vais, ajoutait-il, travailler à désorganiser tous les régiments, parce que, excepté le Colonel-général, (le 10e), je ne puis compter sur aucun, et que ces gens-là versés dans les gardes nationaux font de bons soldats et servent très bien ». La veille, dans

(1) Mémorial de St-Hélène, 14 septembre 1816.

une lettre également adressée, à la princesse, et qui
fut interceptée, le duc disait que Masséna continuait à se conduire « *comme un bijou* ».

Le prince passait ensuite une revue de ses troupes, et se préparait à marcher le lendemain sur Valence. dans la soirée, il visitait les bivouacs, où les
volontaires, l'accueillant avec des cris d'enthousiasme, allumaient sur son passage des torches de
paille embrasée, mesquine parodie de la veille
d'Austerlitz.

IV

2 Avril. — Combat du Pont de Loriol. — Succés remporté par
les troupes royales — Ordre de l'armée relatif à l'affaire.

Le 2 avril au matin, l'armée royale prenait de
nouveau, la route de Lyon en Provence, et se dirigeait vers Loriol, petit village à 20 kilom. environ de
Montélimar, en arrière duquel un pont jeté sur la
Drôme était l'unique passage d'une rive à l'autre.
Il était indispensable de s'emparer du pont de Loriol, seule voie qui permît de marcher vers l'Isère,
et le général Debelle, qui, outre ses gardes nationaux, avait pu réunir quelques troupes de ligne,
allait essayer de disputer la possession de ce point
important à l'armée royale, qui s'avançait dans l'ordre suivant :

En tête. la 1re compagnie franche de Rochegude
formait les éclaireurs et l'avant-garde ; derrière
elle, les voltigeurs du 10e ; au centre, le reste de ce
régiment. l'artillerie et la cavalerie. Le régiment
royal étranger, les gardes nationaux du Gard, de
l'Hérau t. les douaniers et une compagnie d'étu-
diants de Montpellier constituaient une deuxième

colonne à droite de la précédente : à gauche, une troisième colonne comprenait les volontaires de Vaucluse.

Vers 10 heures du matin, apparaissent les premières maisons de Loriol, occupées par de petits détachements du général Debelle, aux ordres du chef de bataillon d'artillerie Noël. Quelques cavaliers du 4e hussards, sortant du village, viennent reconnaître les forces du duc, et reçus à coups de fusil par les éclaireurs de Rochegude, se replient rapidement et disparaissent. Les troupes royales saluent leur retraite de quelques salves d'artillerie, et masquent deux pièces de canon derrière un mur crénelé, que l'infanterie adverse vient d'évacuer.

Le feu cesse, et une députation d'habitants de Loriol, conduite par le maire en écharpe blanche, vient au-devant des têtes de colonne, annonçant que le commandant Noël n'a fait qu'occuper faiblement les maisons avec une partie de ses troupes qui viennent de prendre position entre le village et le pont, sur quelques mamelons dominant Loriol : lui-même avec le gros de ses forces s'est établi sur la rive droite de la Drôme, en arrière du pont avec l'intention évidente d'en défendre le passage. Le duc d'Angoulême s'entretient un instant avec le maire et ses compagnons, qui, pris au dépourvu, n'ont eu que le temps d'arborer des cocardes en papier blanc : du vin est offert aux soldats, puis, l'armée traverse rapidement Loriol où le drapeau fleurdelisé flotte aux fenêtres, pendant que les habitants regardent curieusement défiler les troupes, et cherchent à apercevoir le prince.

Au sortir du village, le feu s'engage de nouveau entre la compagnie Rochegude et le Royal-Étranger, et ceux de leurs adversaires placés en avant du pont Le centre continue à s'avancer par la grande route, et les gardes nationales du Gard et de l'Hérault se déploient vers la gauche, dans la petite plaine qui s'étend du Rhône à Loriol·

La compagnie Rochegude, gagnant du terrain malgré le feu des défenseurs, enlève, sans difficulté, sept ou huit mamelons garnis d'infanterie, qui se commandent les uns aux autres, de façon que, le premier une fois enlevé tous tombent successivement Arrivés sur le dernier mamelon dominant la Drôme, les Vauclusiens reçoivent l'ordre de poursuivre la retraite des troupes adverses, et de passer la rivière ; voyant quelques gardes nationaux du parti opposé qui, au lieu de s'enfuir par le pont sillonné d'obus, franchissent la rivière à gué, ils s'y engagent après eux, atteignent l'autre rive, et poussent jusqu'a Livron, d'où ils menacent de déborder les troupes du général Debelle.

A la gauche des troupes royales, les gardes nationaux de l'Hérault et du Gard, chargés d'exécuter le même mouvement au-dessous du pont, en sont empêchés par la profondeur des eaux ; ils se joignent aux troupes qui attaquent le pont, où allait se porter tout l'effort de la journée.

C'est, en effet, à ce point, que le commandant Noël attendait le choc sur la rive droite de la Drôme, avec 8 compagnies de garde nationale, un détachement du 39 d'infanterie (ancien 42) quelques canonniers du 8ᵉ avec 3 pièces d'artillerie, un ou deux pelotons du dépôt du 4ᵉ hussards, un escadron de gendarmerie, quelques retraités, des officiers en demi-solde, et enfin, par un étrange retour des choses d'ici-bas, des gardes d'honneur de Valence, qui, formés volontairement en 1814 pour le passage du comte d'Artois, portaient maintenant les armes contre son fils ! Le tout, échelonné le long de la rive droite, comptait à peu près 2000 hommes, rassemblés à grand peine, et qui, devant les forces supérieures du prince, devaient forcément succomber.

Le duc d'Angoulême qui avait suivi de très près le mouvement de son avant-garde, fait occuper par les voltigeurs du 10e un mou'in touchant à la culée du pont, et une ferme située sur la droite : logés dans ce bâtiment, les voltigeurs réussissent à éteindre le feu des batteries de la rive droite, dont les canonniers lâchent pied, en abandonnant leurs pièces. En même temps, le prince lance à l'assaut du pont les grenadiers du 10e dont l'attaque est appuyée par 4 bouches à feu postées sur les hauteurs de Loriol : une charge du 4e hussards est impuissante à arrêter les grenadiers ; après une courte lutte à l'arme blanche, ils reçoivent l'ordre de forcer le passage du pont, vers lequel convergent tous les feux de la défense

Ici, eut lieu un étrange épisode, longtemps commenté de différentes manières ; quelques soldats du 10e, décidés à passer aux troupes impériales, abandonnent leur régiment et, levant la crosse en l'air, s'élancent sur le pont au-devant du 39e. Leurs camarades de ce régiment les reçoivent à bras ouverts, et, voyant s'avancer deux nouvelles compagnies du 10e, croient qu'elles suivent le mouvement et cessent de tirer ; mais, énergiquement tenues par leurs officiers, les deux compagnies répondent par un feu violent au cri de « Vive l'Empereur ! » poussés par les soldats du 39e, et se précipitent sur eux à la baïonnette. Surpris un instant, le 39e recommence le feu, mais trop tard ; cet étrange malentendu allait décider du sort de la journée.

A ce moment, en effet, le duc d'Angoulême, payant de sa personne avec le plus brillant courage, s'élance lui même à la tête de 25 voltigeurs, et franchit le pont sous une fusillade intense. Le capitaine d'Autanne du 10e est blessé près de lui, un caporal de voltigeurs est tué ; mais l'exemple du prince électrise ses troupes, le pont est emporté de vive force, et Debelle, voyant la situation intenable, envoie l'ordre de battre en retraite sur Valence. Le lendemain il évacuait cette ville, et allait se reformer au-delà de l'Isère.

Les troupes du duc, enthousiasmées de leur facile victoire, remportée après *une heure* de combat, étaient prêtes à la comparer aux plus grands succès de l'épopée impériale, et grossissaient, à plaisir, le nombre de leurs adversaires tués ou blessés (à peine soixante hommes). Parmi les prisonniers, se trouvaient le commandant Noël et quelques officiers ; présentés au prince, ils furent reçus par lui avec bonté, et il ordonna de les traiter avec égard et selon leur rang, alors que les volontaires de Vaucluse et du Gard ne parlaient de rien moins que de les exécuter sommairement. En même temps, le duc nommait le maréchal de camp de Damas au commandement de la division de Valence, et, portant ses troupes en avant, faisait adresser au général Monier la dépêche suivante par son chef d'Etat-major.

Le général d'Autanne au général Monier.

« MON CHER GÉNÉRAL »

« Je vous annonce avec plaisir, que S. A. R., à la tête des braves gardes nationales du Midi, et des braves et *fidelles* troupes, tant d'infanterie, cavalerie et artillerie, a obtenu un succès complet sur le corps que le général Debelle avait réuni pour défendre le passage du pont de la Drôme, passage aussi difficile à exécuter qu'aisé à défendre

« Drapeaux, artillerie, munitions, troupes de

ligne et autres, tout est tombé au pouvoir de S.
A. R. qui a accueilli ces militaires avec la bonté
qui la caracterise, et qui gagne tous les cœurs : »

Le Lieutenant-Général, *signé* D'AUTANNE.

Au quartier-général du prince à Lapaillasse, le 2 avril, 1815. (1)

Ce bulletin fait le digne pendant de celui qu'avait
dû publier la duchesse, lors du combat de Montélimar. Mais les circonstances commandaient un peu
la chose, très fréquente d'ailleurs en temps de
guerre, et le prince, tant par sa vaillance personnelle, que par l'accueil plein de courtoisie qu'il
fit aux prisonniers, mérite bien que l'on oublie
cette intempérance de plume, dont il n'était proba-
blement pas l'auteur.

V

Entrée de l'armée royale à Valence et à Romans. — Proclamation du prince aux habitants de la Drôme — Marche
de Grouchy contre le duc — Défection de la brigade
Gardanne dans les Basses-Alpes.

Debelle, a-t-il été dit, avait battu en retraite sur
Valence, qu'il évacuait le 3 avril pour se porter
au-delà de l'Isère ; le même jour, le duc d'Angoulême. entrant dans la ville, nommait préfet de la
Drôme, le sous-préfet de Montélimar, en rempla-
cement du marquis d'Escorches de Ste-Croix, qui
avait fait cause commune avec « *les rebelles* ». A
7 heures du matin, le duc faisait son entrée dans
Valence, dont le maire et les autorités le recevaient
avec d'éclatantes protestations de zèle ; son armée,
traversant la ville, allait prendre position en avant.

(1) Recueil Requien.

Le lendemain, 1200 hommes, commandés par le duc, et le général Monier, quittaient la route de Lyon en Provence, et marchaient sur Romans, par l'embranchement de droite, qui longe l'Isère, et conduit à Grenoble. Le reste de l'armée cantonnait en avant de Valence.

Pas un ennemi ne se montrant sur la route, il fut facile de pénétrer dans Romans, et de s'emparer du pont de l'Isère, qui n'était pas défendu : le duc, après être entré à Romans retournait à Valence, d'où il lançait aux habitants de la Drôme une proclamation dont le style peint trop bien l'époque pour être passée sous silence.

« Habitants de la Drôme, écrivait le prince, l'ennemi de la France a passé près de vous : vous l'avez souffert ; la guerre civile, une invasion étrangère, tels sont les tristes résultats de la trahison des uns, ou de l'infidélité des autres. Des hommes étrangers au nom français (? ou intéressés au désordre, se sont armés pour une cause fondée sur la violence et la trahison, mais, ils sont en petit nombre. Ceux qui ont voulu s'opposer à mon passage ont été dispersés. Je suis venu non pour vous punir, vous l êtes assez par vos maux, suite ordinaire d'une guerre intestine ; je viens vous sauver de l'oppression et vous rappeler vos serments. »

Cette proclamation, où le duc déclarait avoir « dispersé » ceux qui s'opposaient à son passage, devait, avec la facile conquête du pont de l'Isère, marquer la fin de sa fortune, et le succès éphémère de Loriol devait être sans lendemain. Chaque jour, soit dans les régiments, soit parmi les volontaires, avaient lieu de nombreuses désertions, les distributions se faisaient sans régularité, et les soldats en étaient réduits à vivre sur le pays. Les blessés et les malades étaient sans secours, et déjà le dé-

couragement s'emparait de compagnies franches et
des gardes nationaux, qui trouvaient qu'on les em-
menait bien loin de chez eux ; bref, l'armée ne te-
nait plus que par sa masse, et une mauvaise nouvelle
devait suffire pour achever sa désorganisation.

A peine le prince était-il rentré à Valence, qu'il
entendait de sourds murmures circuler parmi ses
troupes : bientôt des bruits se répandaient, vague-
ment d'abord, puis avec une persistance inquiétan-
te ; on parlait de la présence de l'Empereur à Lyon
avec 50.000 hommes, de l'arrivée par le Rhône
de 20 bateaux chargés de troupes et destinés à
couper la retraite à l'armée royale; l'avant-garde
était déjà, disait-on, à Vienne, et le corps entier
avait dépassé Mâcon. D'autres prétendaient que 8
régiments de cuirassiers et de lanciers franchis-
saient l'Isère à St-Marcellin, suivis de toute la
population de Grenoble et du Dauphiné ; la fer-
mentation allait croissant, et pour un peu, les troupes démoralisées auraient accusé le duc de les
avoir conduites à leur perte.

La vérité ne tardait pas à se faire jour : sans
être ce que le voulaient les contes absurdes cités
plus haut, la situation n'en était pas moins grave,
car l'armée royale, qui jusqu'alors n'avait eu à
combattre qu'une poignée d'hommes, facile à
vaincre, allait rencontrer de sérieux adversaires,
qui, loin de l'attendre, se portaient à sa rencontre,
sous les ordres du général Grouchy.

Napoléon, qui, sans prendre au tragique la le-
vée de boucliers du neveu de Louis XVIII, la prenait cependant au sérieux, avait donné à Grouchy
le commandement des forces destinées à barrer la
route au prince, et qui prenaient, elles aussi, le nom
d'armée du Midi. Gagnant Lyon à toute vitesse,
Grouchy y avait réuni 9.000 gardes nationaux pris

dans la ville, parfaitement armés et équipés, une compagnie formée par les élèves du lycée, et une autre par les élèves de l'école vétérinaire. En même temps, arrivaient en masses considérables, des gardes nationaux de la Bourgogne, qui mettaient une telle ardeur à répondre à l'appel de Grouchy que, pour éviter l'encombrement, le général fut obligé de les prier d'arriver moins nombreux, et par fractions moins fortes : tout ce monde, très décidé, et animé, il faut le dire d'un tout autre esprit militaire que les contingents du Midi, se portait, dès le 1er avril, au-devant du duc d'Angoulême. Celui ci, couvert sur la gauche par le Rhône, s'apprêtait, malgré la situation précaire de ses troupes, à faire face à l'attaque de front du général Grouchy, lorsqu'un événement inattendu vint réduire à néant ses dernières espérances.

Le prince, avons-nous dit, ayant à sa gauche le Rhône infranchissable, et à sa droite, le 1er corps (général Ernouf) marchant sur Grenoble, pouvait, à la rigueur attendre l'attaque de Grouchy. Mais, dans la nuit du 4 au 5, le lieutenant général d'Autanne entrait chez le prince, au mépris de l'étiquette, et lui annonçait l'approche d'un corps, qui, descendant des Basses-Alpes, menaçait le flanc droit de l'armée royale : ce corps, d'après les bruits parvenus au quartier-général, n'était autre que la brigade Gardanne, 58e et 83e d'Infanterie, (ancien 62e et ancien 102e), qui, faisant défection, rebroussaient chemin, et, drapeau tricolore en tête, venait prendre le duc entre deux feux. Un cavalier couvert de poussière, arrivant au même instant, ne vient que trop confirmer la nouvelle : ce sont bien les régiments du 1er corps, qui, occupant les derniers contreforts des montagnes, s'apprêtent à combiner leur attaque de flanc, avec celle de Grouchy. Voici ce qui s'était passé.

Le 27 mars, on s'en souvient, le 1ᵉʳ corps, composé des brigades Gardanne (58ᵉ et 83ᵉ) et Loverdo (2.000 volontaires Marseillais), avait commencé son mouvement sur Grenoble A peine la colonne avait-elle dépassé Gap, que de tous côtés de nombreux corps de garde nationale lui avaient barré le chemin ; pas un coup de feu n'avait été tiré, les gardes nationaux et l'armée avaient parlementé un instant; les deux régiments, qui ne demandaient qu'à se laisser convaincre, étaient tranquillement passés à l'Empereur, et s'étaient rendus à Grenoble par Travers-de-corps et la Mure sans que personne fît entendre l'ombre d'une protestation.

En même temps, 4.000 gardes nationaux du Dauphiné, avec de l'artillerie, avaient attaqué les volontaires Marseillais dans le défilé de la Saulce ; bien que réduits de 5.000 hommes à 2.000, ces derniers n'en avaient pas moins l'avantage du nombre, mais, culbutés à la baïonnette, ils s'étaient enfuis en désordre, perdant 150 tués, blessés, ou jetés dans la Durance, et laissant leurs canons et leur drapeau blanc aux mains des Dauphinois. Le chevalier Miquelard, chef de bataillon au 58ᵉ, qui avait pris part au combat, avec quelques hommes de son régiment passés aux volontaires, avait été tué.

Abandonnés par leurs troupes, les généraux Ernouf et Loverdo s'étaient retirés à Marseille, et les 58ᵉ et 83ᵉ, quittant de nouveau Grenoble, s'étaient retournés contre l'armée royale, dont, grâce à eux, la position devenait des plus alarmantes.

VI

Retraite du duc d'Angoulême — Évacuation de Romans — Combat près de Valence — Arrivée du prince à Pont-St-Esprit, occupé par les troupes impériales.

Atterré par les paroles de son chef d'état-major, le duc d'Angoulême réunissait en Conseil de guerre, les officiers généraux et supérieurs, pour aviser aux mesures à prendre en face d'aussi graves événements. Au cours de la réunion, arrivaient successivement plusieurs courriers, porteurs de nouvelles diverses : le premier rapportait que le colonel Magné sur la rive droite du Rhône, était entré à Tournon, et que les montagnards de l'Ardèche, restés fidèles, occupaient Privas. Mais un deuxième messager annonçait officiellement la fuite de Louis XVIII à Gand, l'entrée de Napoléon aux Tuileries, et enfin l'empire reconnu par tous les départements, à l'exception de ceux des Bouches-du-Rhône, du Var, de Vaucluse, et d'une partie du Gard.

Devant d'aussi désastreuses nouvelles, chacun fut d'avis qu'il n'y avait plus de résistance possible et que la retraite s'imposait : d'aucuns évoquaient déjà le sinistre souvenir du duc d'Enghien, d'autres conseillaient de soulever les départements restés fidèles, et de continuer la lutte : mais le prince, dont l'armée diminuait chaque jour à vue d'œil, ordonnait de se retirer sur Avignon et Marseille. Il comptait en passant prendre la garnison de Pont-St-Esprit, et ainsi renforcé battre en retraite jusqu'à la Méditerranée, où il pourrait s'embarquer. Cet ordre était communiqué au colonel Magné par un officier qui, passant le Rhône en canot, l'invitait à se conformer à la marche du duc d'Angoulême, et la retraite commençait dans la nuit du 5 au 6. Il n'était que tem,s, car l'armée impériale ma chait à grandes journées; soi arrivée était immine te, et le contact pouv. it (tre pris d'une minute à l'autre.

Romans ui e fois évacué, le majr de Montperret du Royal -Etranger, qui formait l'arri re-garde, forçait les habitants à détruir le pont de l'Isère, qu'il incendiait lui-même du côté du Péa ze. Egaré da s les montagnes, cet offi ier su érieur ma rchait toute la nuit, puis arrivait à Livro , le 6 à m di, au n oment où une compagni avigno aise, venau de M ntélimar, apportait au pince un renfort qui était le bienvenu; M. de M ntperret, qui avait réus i à dépasser l'armée du pr nce, se décidait à l'att ndre au pont de la Dr me avec des gardes natio aux de Nîmes, la 1re compagn e de Rochegude, e la 1re compagnie du 3e bataill n de Vaucluse.

Le même jour, le duc d'Angou'êm se concentrait à Vale nce. A peine avait-il fr nchi l Isère, que des couj s de feu se faisaie t entendre sur la rive droite ; c'était les têtes de colon e de Grouchy, qui, sol s les ordres du général Piré, talonnaient l'armé royale, et chei chaient à traverser la rivière en mê ne tem us qu'elle. Un coml t d'artillerie s'engage le part et d'at tre, et une cinquantaine d'homm s du 6 léger, montés en bateau, tentent le pas age malgré le feu des v lo taires royaux : le duc sortant de Valence avec le 10e et le reste de son artilleri, se porte vivement au secours des troup s enga ée , et la fusillade du re toute la journée.

Le soir, chacur avait conservé ses positions, et le prince, passant en re v e une comp gnie de volontaires de Perpi nan rrivée le jour même, distribuait ensuite quelq es croix de la Légion d'honneur. Mais l'attitude des habitants de Valence était devenue hésitante, les drapeaux blancs et les illuminations avaient disparu, et le duc d'Angoulême n'était plus maintenant qu'un proscrit. A onze heures du soir, l'armée royale quitte Valence, et va camper au dehors, après avoir allumé des feux multiples, pour essayer de donner le change à Grouchy.

Le 7 avril, a 2 heures du matin, le prince donne le signal du départ, et les troupes continuent leur route vers Montélimar : l'armée passe vers six heures sur le pont de Loriol, témoin, cinq jours avant, de son unique succès, puis après une halte au pont, pendant laquelle le prince donne audience à l'ambassadeur du roi de Sardaigne, elle reprend la marche en retraite, qui ressemble fort à une déroute. En effet, le nombre des traînards allait croissant, surtout parmi les volontaires et les gardes nationaux, dont les chefs improvisés, qui n'avaient plus aucune autorité, tournaient la tête pour ne pas voir leurs soldats jeter leurs armes, arracher la ganse d'or de leur chapeau et disparaître au détour d'un chemin pour ne plus revenir. D'autres, fatigués, démoralisés, restaient en arrière et donnaient à la colonne un allongement considérable ; seuls les régiments de ligne, conservant un reste de discipline, marchaient tou-jours, le fusil sous le bras, mornes, les yeux baissés et l'air sombre. Pendant la marche, le 11e chasseurs à cheval commençait à murmurer ; à Montélimar, le colonel Lemoine déclarait au prince qu'il n'était plus maître de ses soldats, qui bientôt faisaient ouvertement défection, et tournant bride, retournaient à Valence, d'où ils couraient avec transport au devant des troupes impériales (1).

(1) Lettre du duc d'Angoulême à la duchesse, datée de Barcelone.   3*

Arrivé dans la soirée à Montélimar, après une grande halte à Pierrelatte, le duc d'Angoulême s'arrêtait pour donner un peu de repos à ses troupes harassées, et leur permettre de se restaurer un peu. Pendant la nuit, de nombreuses désertions isolées se produisaient encore, et à Montélimar, comme ailleurs, l'accueil fait à l'armée et à son chef n'était plus celui des premiers jours ; ceux-là mêmes qui avaient fait meilleur visage au duc, tout en continuant à le traiter avec égard, lui faisaient trop bien comprendre qu'ils auraient mieux aimé le voir ailleurs.

Le 8 au matin, l'armée reprend sa marche rétrograde ; bientôt le colonel d'Ambrogeac, du 10ᵉ, rend compte au prince que le tiers de son régiment a déserté, et que le reste ne se battra plus ; l'artillerie semble encore plus mal disposée (1), et le duc n'a plus guère que 800 hommes de garde nationale. On approchait alors de Pont-Saint-Esprit, dont, on s'en souvient, un bataillon du Royal-Etranger, et 800 Marseillais occupaient la citadelle ; chacun s'attendait donc, à hauteur de la place, à voir sa garnison traverser le Rhône pour renforcer les forces du duc d'Angoulême. Cette pensée réconfortait un peu les troupes fatiguées et sans solde depuis plusieurs jours, car depuis Romans, les employés du trésor avaient refusé de payer les mandats signés de l'ordonnateur ou du payeur-général.

Vers 10 heures du matin, l'avant-garde du prince, quittant la route de Lyon, tourne à droite, et prenant la route de Pont-St-Esprit, arrive bientôt au pont qui, de la rive gauche du Rhône, aboutit à la ville. En avant du pont, des soldats, l'arme au pied et rangés en bataille, semblent attendre l'armée royale, d'autres sont échelonnés sur le

(1) Lettre du duc à sa femme (déjà citée).

pont même qu'ils semblent garder, pendant que sur la rive droite, on voit en avant des maisons, étinceler des sabres et des baïonnettes. Apercevant ce qu'elle croit être la garnison laissée par le duc à Pont-St Esprit, l'avant-garde accélère le pas ; soudain retentit un commandement; les fusils s'abaissent, et un feu de peloton foudroie à bout portant, les volontaires de Rochegude, qui, laissant sur le carreau plusieurs tués et blessés, s'enfuient en criant à la trahison. Au même instant, un coup de canon est tiré de la rive droite, et l'armée royale voit, avec stupeur, le drapeau tricolore flotter sur la citadelle de Pont-St-Esprit.

Depuis environ quatre heures, la ville était en effet, aux mains d'un nouvel et redoutable adversaire du duc d'Angoulême, le général Gilly, qui, destitué par le prince lors de son passage à Nîmes, avait dès le 2 avril travaillé à soulever la garnison de cette ville, composée du 10ᵉ chasseurs à cheval, du 63ᵉ d'infanterie (ancien 67ᵉ) et d'un détachement de gendarmerie. Il n'avait eu aucune peine à détacher ces troupes de la cause royale, et le 5 avril, il quittait Nîmes à leur tête, pour se porter sur les derrières du duc, dont il connaissait le mouvement sur Lyon : le 8, pendant que l'armée du prince marchait sur Pont St-Esprit par la rive gauche du Rhône, Gilly entrant dans la ville par la rive droite, y arrivait bon premier à 6 heures du matin. Le 10ᵉ chasseurs s'était emparé de la ville et du pont du Rhône, tandis que, surpris à l'improviste, les Marseillais et le Royal-Etranger logés dans la citadelle, s'étaient rendus sans combat. Pendant que la gendarmerie et les cavaliers occupaient la ville, le 63ᵉ, prenant position sur la rive gauche du fleuve, de façon à couper la route de Valence à Marseille, faisait à l'armée royale l'accueil qui vient d'être dit.

Au bruit de la fusillade, le prince étonné accourait au devant de ses soldats, qui muets de terreur, s'enfuyaient en désordre ; bientôt chacun savait la vérité, et le duc et l'armée apprenaient avec stupeur que Pont-St-Esprit était au pouvoir des troupes impériales, et qu'en arrière de leur premier échelon, le 6e d'infanterie (régiment de Berry à Avignon) se disposait a couper la route de Marseille.

C'était le coup de grâce, et tout espoir était perdu désormais ; en un instant, l'armée royale ne présentait plus qu'un troupeau d'hommes brisés de fatigue, affolés, tremblants, et qui, sourds à la voix de leurs chefs, s'apprêtaient à fuir dans toutes les directions. Le duc d'Angoulême et ses officiers parcourant les rangs réussissaient, par la persuation ou par des menaces, à maintenir les soldats dans l'obéissance, et le prince, renonçant à pousser plus avant, remontait à deux lieues au dessus de Pont-St-Esprit, jusqu'au village de Lapalud, où il prenait position en face des troupes de Gilly.

VII

Le duc d'Angoulême à Lapalud. — Situation désespérée. — Capitulation du prince et licenciement de l'armée. — Internement du duc à Pont-St-Esprit. Sa mise en liberté.

Lapalud (et non La Palud), où venait de s'arrêter l'armée royale, était, en 1815, un bourg d'environ 2000 habitants, faisant partie du canton de Bollène, arrondissement d'Orange, département de Vaucluse. Construit sur un terrain formé en grande partie des alluvions du Rhône qui le borde à 2 kilomètres au nord, Lapalud se trouve

au mil eu d'une grande et fertile plaine coupée de
canaux. Limitée par la Motte au sud et Bollène
à l'est, la plaine est dominée au dessus de ce dernier village par une chaîne de hauteurs, dont la
plus élevée est la montagne de Barri (218 mètres)
À cette époque, la route de Lyon en Provence
traversait déjà Lapalud, qui était encore à proxi-
mité des routes de Pont St Esprit, Bollène Suze-
la-Rousse, Tulette, Nyons, etc. ; c'était de cette
route que, posté entre Pont-St-Esprit et Bollène,
le 63e avait fait feu sur les éclaireurs de Rochegude.

Reçu par le maire, M. de Nally, et son adjoint,
M. Tabour, le duc d'Angoulême les priait de faire
délivrer les vivres nécessaires à ses troupes exté-
nuées et en proie au plus complet découragement.
Pendant que les habitants s'empressaient autour
des soldats, le prince consultait une dernière fois,
ses officiers pour chercher à mettre fin à sa lamentable odyssée et aviser au moyen de sortir honora-
blement d'une situation menaçante, et que chaque
minute de retard aggravait davantage.

En effet, rien ne pouvait sauver le prince, en-
fermé dans un cercle dé ormais infranchissable :
en tête, Gilly et ses troupes lui barraient la route
de Marseille ; à droite le Rhône, à gauche, le 58e
et le 63e descendant des Basses-Alpes, et enfin en
queue Grouchy qui, suivant sa retraite depuis
Lyon, n'était plus qu'à quelques heures de marche.
Sans nouvelles du dehors depuis deux jours, il
entendait sonner le tocsin appelant de tous côtés
les paysans aux armes, et des montagnes environ-
nantes, descendaient de forts détachements de gardes
nationaux, qui, conduits par des officiers en demi-
solde, occupaient les débouchés de toutes les routes. Le soulèvement était général et toutes ces

roupes semblaient d'autant plus mal disposées à l'égard du prince, que, depuis la proclamation de l'Empire reconnu par la France entière, les rôles étaient intervertis, et que c'était maintenant le duc d'Angoulême, qui devenait un rebelle à main armée, en révolte ouverte contre le gouvernement établi. Il n'y avait pas jusqu'aux départements du Gard et de Vaucluse qui, depuis le 8 avril, ne fussent de fait soumis à l'Empereur, et le malheureux prince se trouvait dans une situation à la fois terrible et sans issue.

La délibération tenue au milieu d'ennemis dont le cercle, se resserrant de plus en plus, allait bientôt étreindre les débris de l'armée, fut des plus expéditives : à la presque unanimité, le conseil reconnaissait que prolonger la lutte était impossible, car outre les troupes adverses déjà supérieures en nombre, on avait encore toute une population à combattre, et le duc comprenait qu'il ne pouvait plus compter sur ses soldats brisés de fatigue et démoralisés.

Force étant de renoncer à tenter le sort des armes, le prince se décidait à venir à composition, et envoyait au général Gilly, le lieutenant-général d'Autanne, muni de pleins pouvoirs à ce sujet. Pendant que son chef d'état-major allait remplir cette dernière mission, le duc d'Angoulême remettait encore quelques décorations aux officiers et soldats ; le capitaine d'Autanne, du 10°, blessé près de lui au pont de Loriol, recevait entre autres la croix de Saint-Louis.

Reçu aux avant-postes par le colonel Saint-Laurent, du 10e chasseurs, et conduit au général Gilly, le général d'Autanne demandait que le prince, qui déposait les armes et se déclarait prêt à licencier ses troupes, fût autorisé à s'embarquer à Marseille sous l'escorte du 10ᵉ d'infanterie. Mais Gilly, retenant le général d'Autanne comme otage, écrivait au duc d'Angoulême qu'il n'avait aucun secours à espérer, que les départements du Midi avaient reconnu Napoléon, et le priait d'envoyer pour terminer les négociations, un autre mandataire, pour lequel un sauf-conduit était joint à sa lettre. Bientôt après arrivait le sous-chef d'état-major, baron de Damas, envoyé par le prince, qui après un long entretien avec l'adjudant, commandant Lefebvre, délégué du général Gilly, rapportait le soir même la convention définitivement arrêtée, que le duc acceptait sans réserves. Voici cette convention :

*Convention conclue entre le général Gilly
et le baron de Damas.*

« S. A. R. Monseigneur le duc d'Angoulême, commandant en chef l'armée royale du Midi, et M. le général de division baron Gilly, commandant en chef le 1ᵉʳ corps de l'armée impériale, pénétrés du désir d'arrêter l'effusion du sang français, ont chargé de leurs pleins pouvoirs, pour régler tous les articles d'une convention qui puisse assurer la tranquillité du Midi de la France, savoir : Son Altesse Royale, M. le baron de Damas, maréchal de camp, sous-chef d'état-major-général, M. le baron Gilly, M. l'adjudant, commandant Lefebvre, chevalier de la Légion d'honneur, chef d'état-major du 1ᵉʳ corps d'armée, lesquels après avoir échangé leurs pouvoirs respectifs, sont convenus des articles suivants :

ARTICLE I

L'armée royale est licenciée ; les gardes nationales qui en font partie, sous quelque dénomination qu'elles aient été levées, rentreront chez elles, après avoir déposé les armes ; il leur sera délivré des feuilles de route pour rentrer dans leurs foyers, et M. le général de division commandant en chef, leur garantit qu'il ne sera jamais question de tout ce qui a pu être dit ou fait, relativement aux événements qui ont eu lieu avant la présente convention.

Les officiers conserveront leurs épées, les troupes de ligne qui font partie de cette même armée se rendront dans les garnisons qui leur seront assignées.

II

MM. les officiers généraux, officiers supérieurs d'état-major et autres de toutes armes, les chefs et employés de toutes administrations dont il sera fourni un état nominatif à M le général en chef, se retireront dans leurs foyers, où ils attendront les ordres de Sa Majesté l'Empereur.

III

Les officiers de tout grade qui voudraient donner leur démission sont libres de le faire ; il leur sera accordé de suite des passe-ports pour rentrer dans leurs foyers.

IV

Les caisses de l'armée et les registres du payeur-général seront remis de suite aux commissaires nommés à cet effet par M. le général en chef.

V

Les articles ci-desus sont applicables aux corps commandés par M. le duc d'Angeuléme en personne, et à tous ceux qui agissent séparément sous ses ordres et qui font partie de l'armée du Midi.

VI

S A. R. se rendra au port de Cette, où les bâtiments nécessaires pour elle et sa suite seront disposés pour la transporter partout où elle voudra se rendre ; des postes de l'armée impériale seront placés à tous les relais pour protéger le voyage de S. A R., et il lui sera rendu partout les honneurs dus à scn rang, si elle le désire.

VII

Tous les officiers et autres personues de la suite de S A. R. qui désirent la suivre auront la faculté de s'embarquer avec elle, soit qu'ils veuillent partir de suite, soit qu'ils demandent le temps nécessaire pour arranger leurs affaires particulières.

VIII

Le présent traité restera secret jusqu'à ce que S. A. R. ait quitté le territoire de l'Empire.

Fait en double expédition et convenu entre les chargés de pouvoirs ci-dessous désignés, le huitième jour d'avril, de l'an mil huit cent quinze, sous l'approbation de M. le général commandant en chef, et ont signé.

Au quartier général du Pont-St-Esprit, les jour et an que ci-dessus.

L'adjudant-commandant chef d'état-major du 1ᵉʳ corps de l'armée impériale du Midi,

Signé : LEFEBVRE.

Le maréchal de camp, sous-chef d'état-major général,
baron DE DAMAS.

Approuvé la présente convention par le général de division *commandant en chef* l'armée impériale du Midi (1).
baron GILLY.

Le lendemain dimanche, 9 avril, en exécution de la convention ci-dessus, avait lieu le licenciement de l'armée royale ; les gardes nationaux et le Royal-Etranger sortaient de Lapalud, ainsi que le 10ᵉ, dont la compagnie de chasseurs (compagnie d'élite), devait servir d'escorte au duc d'Angoulême. Celui-ci, après avoir envoyé à la colonne Magné, sur la rive droite, l'ordre de se conformer à la convention, disait adieu à ses soldats et recevait une dernière fois les officiers du 10ᵉ, puis, sous la garde des troupes désignées, il se rendait, avec le baron de Damas à Pont-St-Esprit, où il était interné chez le maire, en attendant son départ.

En entrant à Pont-St-Esprit, le prince dut passer au milieu des troupes de Gilly, dont faisaient maintenant partie les canonniers du 8ᵉ d'artillerie et les soldats du 10ᵉ qui l'avaient abandonné pendant les pourparler. Tous, l'air menaçant, paraissaient vouloir faire un mauvais parti au dauphin, qui, passant impassible dans leurs rangs, les entendait demander à grands cris que la capitulation

(1) Il est à remarquer que l'armée du duc d'Angoulême et celles de Gilly et de Grouchy, portaient *toutes les trois* l'appellation d' « *Armée du Midi.* »

ne fût pas ratifiée : les gardes nationaux de Grenoble s'élevaient aussi contre la convention, et leur attitude n'était pas la moins hostile ; bref Gilly n'aurait plus su quel parti prendre, sans la présence inopinée du général Grouchy.

Embarqué de nuit sur le Rhône, le général en chef des troupes impériales avait devancé de quelques heures le duc d'Angoulême à Pont-St-Esprit ; il commença par calmer la fureur des soldats, après quoi il remit le prince au général de gendarmerie Radet, grand prévôt de l'Empereur, et commandant en chef la gendarmerie impériale du Midi. Cet officier général, arrivé dans la matinée avec son chef d'état-major, le commandant Ducros-Aubert, était déjà célèbre pour avoir, par ordre de Napoléon, arrêté, à Rome, le pape Pie VII, dans la nuit du 5 au 6 juillet 1809. Une fois le prince entre ses mains, le général chargé à la fois d'empêcher toute évasion de sa part et de le protéger contre toute tentative hostile, sut remplir, avec ménagement, sa mission et traita son prisonnier avec les égards dus à son rang et à sa vaillance personnelle. Ainsi, ayant trouvé dans l'antichambre du duc une douzaine d'officiers, sous-officiers et soldats qui jouaient aux cartes en buvant et riant avec affectation (1), il les tança vertement et les fit retirer, conservant seulement un poste de 25 hommes d'infanterie commandé par un officier, après quoi il installa dans la maison deux officiers, deux sous-officiers de gendarmerie et quatre gendarmes, mit la main sur les équipages du prince et de sa suite, puis il établit le service des patrouilles et de la police à plusieurs lieues à la ronde. En même temps, paraissait un « ordre général » destiné à

____

(1) Mémoires du général Radet.

la gendarmerie, et que Radet avait reçu du général Piré avec le titre de « proclamation. » On n'a
jamais su quel fut au juste l'auteur de ce document,
que Radet obtint de qualifier seulement d'ordre
général et dont il eut le courage d'atténuer certaines expressions blessantes pour le prisonnier
et les siens. Voici le texte de cet ordre qui, imprimé
à Orange, peint trop bien les idées du moment
pour être passé sous silence.

Ordre du 11 avril 1815

*Ordre général à la gendarmerie du Midi
de la France.*

« Gendarmes, les destins de la France sont
enfin accomplis ; l'empereur Napoléon est re-
monté sur son trône ; la grande nation a retrouvé
son père et recouvre ses droits. Le patriotisme des
beaux jours de la Révolution a repris une nouvelle énergie, l'enthousiasme est à son comble.

La noblesse est supprimée. La liberté de la
presse nous est garantie, et nos droits vont être
définitivement réglés par une charte constitution-
nelle à laquelle concou ent tous les électeurs des
départements de l'Empire, réunis en champ de
mai à Paris, pour le couronnement de l'Impéra-
trice.

L'Empereur ne veut plus de guerre au dehors,
la paix, la tranquillité et le bonheur des Français
sont l'objet de tous ses vœux Et qui mieux que
ce héros peut accomplir ce bel ouvrage?

La courte apparition des Bourbons sur le trône
de France, après avoir fait couler le sang français
pendant vingt-cinq ans, nous a montré leurs prin-
cipes. Les émigrés avaient pris les premières pla-
ces de l'Etat ; les Vendéens et les assassins étaient

anoblis ; les domaines de la couronne étaient di-
lapidés : l'armée s'anéantissait ; les acquéreurs des
domaines nationaux étaient menacés d'une ruine
prochaine, et les prêtres abusaient de leur minis-
tère sacré pour nous replonger sous le plus affreux
despotisme, en cherchant à rétablir avec lui la dîme
et la féodalité

Gendarmes ! tant d'horreurs devaient avoir un
terme ; le grand Napoléon s'est montré, et d'un
souffle en a délivré la patrie.

Le roi, le comte d'Artois et le duc de Berry ont
quitté Paris le 20 mars à une heure du matin, em-
portant les diamants de la couronne avec les tré-
sors de l'Etat, sous l'escorte des gardes du corps et
de leur maison militaire, qu'ils ont licenciés à la
frontière. Le même jour, l'Empereur est arrivé
dans la capitale au milieu des acclamations d'un
peuple immense, ivre de joie.

Le duc d'Angoulême était à Bordeaux, où il
laissa son épouse pour venir lui-même soulever
les belles contrées du Midi et y organiser la guerre
civile, le plus terrible des fléaux

La princesse a quitté le territoire français pour
fuir en Angleterre ; son époux et les chefs de l'armée sont en notre pouvoir ; leur armée est licenciée et leur projets insensés n'ont obtenu que le
triste résultat de faire couler le sang français sur
les rives de la Drôme et de l'Isère, tandis que
l'Empereur, pour remonter sur un trône, n'a pas
fait brûler une amorce.

Gendarmes ! l'armée a bien mérité de la patrie ;
partout la nation se montre digne de la gloire et
de l'honneur du nom français. Sa cause sacrée et
celle de l'Empereur ne sont qu'une : vaincre ou
mourir est désormais sa devise ; le feu sacré cir-
cule dans nos veines, et vous partagerez avec la
même énergie ce noble dévouement.

Il reste peut-être encore un petit point dans le Midi où les ennemis de la patrie ont comprimé l'élan du peuple en empêchant que la nouvelle des grands événements qui viennent de se succéder n'y pénétrât Je vous charge de la propager, et je suis certain que le signe sacré de ralliement des Français, la cocarde et le drapeau tricolore seront arborés.

Officiers, sous-officiers et gendarmes, redoublez de zèle et d'activité pour le maintien de l'ordre et de la tranquillité ; point d'anarchie, point de vengeance ni de brigandage, Napoléon, en bon père, pardonne à l'erreur. Imitons et bénissons sa clémence. Vive l'Empereur !

Le lieutenant-général commandant en chef la gendarmerie impériale du Midi, et grand prévôt de Sa Majesté à l'armée

RADET.

Mais, une fois toutes ces dispositions arrêtées, Grouchy se trouvait fort embarrassé de son prisonnier, à la capture duquel il était loin de s'attendre. Napoléon lui avait dit : « Poussez le prince dehors » ; et le général qui, bien que dévoué à l'Empire, était d'une famille noble, aurait préféré chasser son adversaire jusqu'à Marseille, au lieu de l'avoir entre les mains, et cela d'après une convention à laquelle il était étranger, qu'il n'osait désavouer, et approuver moins encore.

Après entente avec les généraux Piré et Corbineau (ce dernier, aide de camp de l'Empereur), Grouchy mandant le baron de Damas, le priait d'informer le duc que, ne pouvant prendre sur lui de ratifier la convention, il le garderait prisonnier jusqu'à ce que Napoléon eut statué sur son sort, promettant d'ailleurs (ce qui fut fait) d'en référer

de suite à Sa Majesté. Le prince, à cette nouvelle,
fit preuve d'autant de calme et de résignation que
de courage en face du danger ; demandant à écrire
aux siens, il recommandait à son père que, pour
le délivrer, le roi ne tentât rien de préjudiciable
aux intérêts de la couronne, disant ne rien craindre ni la prison ni la mort, et se contentant de
hausser les épaules lorsqu'arrivaient jusqu'à lui
les vociférations des soldats. Sa captivité fut non
seulement courte, mais des moins pénibles et le
prince fut toujours traité avec respect, contraire-
ment à certaines légendes de l'époque, qui le repré·
sentent désarmé, dépouillé d'un portrait de la duchesse son épouse, et entouré d'une garde nom-
breuse, pendant que ses voisins étaient forcés d'il·
luminer pour que la surveillance fût plus étroite.
Cette dernière assertion ne vaut même pas la peine
d'être discutée !

Il n'y eut qu'un officier de gendarmerie qui, in-
terprètant mal sa consigne, entendait rester à poste
fixe dans la chambre du prince, afin de ne point
le perdre de vue ; Radet fut le premier à réprimer
ce zèle un peu trop intempestif, et à envoyer son
subordonné dans une pièce voisine. Le général
refusait également de prendre sa part des dépouil·
les opimes ou des chevaux du prince et de sa suite,
partagés entre les officiers généraux et supérieurs (1).

Pendant ce temps, en dépit de son calme affecté,
le prince était en proie aux plus cruelles angois-
ses ; désormais à la merci de l'Empereur, il croyait
ne rien devoir attendre de sa clémence, et, jugeant
avec l'esprit de son parti, Napoléon, qu'il ne con·
naissait pas, il était sans cesse hanté par le souvenir des fossés de Vincennes. Ses amis partageaient

(1) Mémoires de Radet.

ses inquiétudes, ignorant eux aussi ce mot du grand capitaine : « Honneur au courage malheureux ! » la réponse de l'Empereur ne se faisait pas attendre, et, dès le 11, il adressait par télégraphe à Grouchy la dépêche suivante, qui était à la fois un acte de haute politique et de générosité.

« Monsieur le comte Grouchy, l'ordonnance du roi en date du 6 mars, et la convention signée le 13 à Vienne par ses ministres pouvaient m'autoriser à traiter le duc d'Angoulême comme cette ordonnance et cette déclaration voulaient qu'on me traitât, moi et ma famille. Mais constant dans les dispositions qui m'avaient porté à ordonner que les membres de la famille des Bourbons pussent sortir librement de France, mon intention est que vous donniez des ordres pour que le duc d'Angoulême soit conduit à Cette, où il sera embarqué, et que vous veilliez à sa sûreté et à écarter de lui tout mauvais traitement. Vous aurez soin seulement de retirer les fonds qui ont été enlevés aux caisses publiques, et de demander au duc d'Angoulême qu'il s'oblige à la restitution des diamants de la couronne, qui sont une propriété de la nation

Vous remercierez en mon nom les gardes nationales, du patriotisme et du zèle qu'elles ont fait éclater et de l'attachement qu'elles m'ont montré dans ces circonstances importantes. »

Au Palais des Tuileries, le 11 avril 1815.

NAPOLÉON.

Dès la réception du message impérial, Grouchy faisait mettre en liberté le duc d'Angoulême, et prenant congé du prince, le dirigeait, escorté du général Radet, vers Cette, où il devait s'embarquer pour l'Espagne. Tout en traitant avec courtoisie

son prisonnier, Radet, maintenant seul responsa-
ble du prince, n'en prenait pas moins les plus
strictes précautions pour que la route se fît en sûreté jusqu'au port : les rapports de police signalaient
en effet, vers Bagnols et les Cévennes, des rumeurs
hostiles aux Bourbons ; des paysans voulaient,
disait-on, arrêter le prince à Pont-St Esprit, ou
sur la route, pour lui faire un mauvais parti. D'un
autre côté, les généraux Corbineau et Grouchy,
étaient informés que les royalistes de Pont-Saint-
Esprit voulaient faire déguiser le duc d'Angoulême en femme pour le soustraire à la fureur des
soldats, moyen au moins risqué, et légèrement
ridicule pour une Altesse Royale ; aussi, Radet,
inquiet à juste titre, prenait, pendant la nuit, ses
dispositions pour parer à tout événement.

De deux en deux lieues, des postes de gendarmerie, dont la force variait de 12 à 15 hommes,
étaient échelonnés sur la route de Pont-St-Esprit
à Nîmes, la moitié de ces postes, toujours en pa-
trouille, s'assurait par un continuel va-et-vient
qu'il n'y avait aux environs ni figures suspectes,
ni rôdeurs : à une heure indiquée, tous ces postes
devaient être réunis sous prétexte d'être inspectés
par leur colonel, mais, en réalité, pour être pré-
sents au passage du convoi. De Nîmes à Montpellier, d'autres détachements de gendarmerie
étaient disposés par le colonel, qui, connaissant
seul la cause de ces mouvements de troupes, avait,
en outre, l'ordre de se trouver à Nîmes à la tête
de la garde nationale sous les armes, lorsque le
prince y passerait : enfin, Radet avait écrit à Cette
et à Montpellier, pour faire préparer les bâtiments
nécessaires. Le moment du départ avait également
été tenu secret ; fixé d'abord, après entente, avec le
baron de Damas, pour le 15 avril à 2 heures et

demie, il avait, à la demande du duc d'Angoulême, été reculé jusqu'à 4 heures.

A l'heure fixée, Radet se présentait chez le
maire, où il voyait le prince pour la première fois
(il avait cru devoir s'en abstenir jusqu'alors, dési-
rant éviter tout entretien avec le prince auquel il
ne voulait point imposer sa présence). Le duc
d'Angoulême et sa suite descendaient alors dans
la rue, « vêtus comme de *très simples particuliers*,
sans décorations ni marques distinctives, le prince
ayant pour coiffure un petit bonnet de drap plus
que commun » (1) ; la rue étant trop étroite pour
y « tourner avec des voitures», le prince, entouré
par la garde et la gendarmerie, ayant à ses côtés le
général Radet, gagnait la place, où l'attendait une
chaise de poste. Aux fenêtres, et sur toutes les
portes, les habitants exprimaient tout haut leur
sympathie pour le prince, et Radet dut faire taire
les officiers de Grouchy, qui voulaient imposer
silence aux manifestants.

Arrivé sur la place, le duc d'Angoulême montait
en voiture avec les personnes ci-après :

MM. de Guiche, maréchal de camp et premier
      écuyer ;

      Vicomte d'Escars, maréchal de camp; comte
      Melchior de Polignac, aides de camp et gen-
        tilhommes d'honneur ;
      Vicomte de Lévis, capitaine, officier d'or-
        donnance

D'autres voitures étaient occupées par ;

MM. Giresse de la Beyrie, lieutenant secrétaire du
      prince ;

      Acher de Mongascon, huissier du cabinet ;
      Goubernat, premier valet de chambre ;
      Desmarets, valet de pied ;
      Guérin, cuisinier.

(1) Mémoires de Radet.   4*

Le général Radet, avec son chef d'état-major, montait dans une première voiture et prenait la tête du convoi, après avoir donné à l'officier de gendarmerie à cheval la consigne de rallier, en cas d'attaque, toute l'escorte autour de la voiture du prince. En ouvrant ainsi la marche, Radet n'ignorait point qu'il risquait d'attirer sur lui-même les coups des royalistes, voire même des partisans de l'Empire, mais, fidèle au devoir, il n'hésitait pas à exposer sa vie pour que le prince arrivât sans encombre à Cette.

Le lendemain 16, à 8 heures du matin, le convoi était rendu au port d'embarquement; grâce aux relais habilement préparés par un sous-officier de gendarmerie, il n'y eut, pendant le voyage, ni retard ni accident, et Radet put de suite prendre ses dispositions pour le départ du prince et de ses compagnons. Prévenu à temps, le général Pelleport, assisté des conseillers généraux Juin de Siran et Durand-Frajon, avait traité avec le capitaine Orloff-da-Kanson, commandant le vaisseau suédois la *Scandinavie*, qui, moyennant 24000 francs de nolis, consentait à transporter à Barcelone le prince et les personnes de sa suite.

A 8 heures du soir, le duc d'Angoulême quittait la maison du maire de Cette, où l'avait installé Radet jusqu'au départ, et montait dans le canot qui devait le conduire à bord. Le général accompagna jusqu'au quai d'embarquement l'auguste prisonnier, qui lui fit ses adieux en le remerciant de sa courtoisie, disant « être content de lui et du général Grouchy (1) » Un instant après, le canot abordait, et à 9 heures du soir, la *Scandinavie*, mettant à la voile par un bon vent, prenait la haute mer. En entrant dans sa cabine, le prince y avait

(1) Mémoires de Radet.

trouvé toute une provision d'essences, de citrons, d'oranges et autres remèdes contre le mal de mer; le tout placé là par une délicate attention du général Radet, à qui le prince avait avoué craindre beaucoup cette indisposition, qui l'avait maintes fois éprouvé. Nous notons, en passant, ce fait tout à l'éloge du général Radet, qui sut concilier son mandat avec les soins à donner à un prince, prouvant ainsi que, pour être gendarme, il n'en était pas moins homme ! ..

Quelques jours après et bien que le succès de la campagne revînt plutôt au général Gilly, Grouchy recevait le bâton de maréchal ; quant aux officiers généraux qui avaient suivi la fortune du duc d'Angoulême, ils ne furent point inquiétés ; seul le général d'Autanne, rappelé par le ministre de la guerre à Paris, s'y vit infliger 15 jours d'arrêts de rigueur.

Ainsi se termina la courte campagne du duc d'Angoulême, qui. après s'être cru maître de Lyon, et au moment de faire avorter les desseins de Napoléon, avait terminé ses exploits dans un petit village de Vaucluse que sa capitulation devait rendre célèbre. Il convient néanmoins de rendre hommage à la bravoure du prince, ainsi qu'à sa constance après la défaite, alors qu'on le ramenait comme un malfaiteur, de brigade en brigade ; les qualités dont il fit preuve alors sont de nature à faire oublier le lamentable résultat de son entreprise.

IX

Avignon pendant les Cent-Jours. — Adresse des notables au général Grouchy. — Conclusion.

Pendant que le duc d'Angoulême sortait de Pont-St-Esprit, et traversait en vaincu le Gard et l'Hérault, où le drapeau tricolore flottait partout sur son passage, Grouchy quittait également la place, pour visiter les principales villes du Midi, apaiser les derniers ferments de discorde, et s'assurer que, d'après les ordres de l'Empereur, on n'inquiétait pas les anciens combattants de l'armée royale. Il commençait sa tournée par Avignon.

La ville n'était plus reconnaissable depuis le 8 avril, jour où le drapeau d'Iéna avait été de nouveau arboré sur les tours du palais des Papes; c'était maintenant les partisans de Louis XVIII, qui, enfermés chez eux, n'osaient plus se montrer, pendant qu'escortées d'une foule considérable, des compagnies du 6° régiment d'infanterie (Ex-Berry) promenaient triomphalement le buste de Napoléon. Partout, on voyait aux fenêtres les couleurs nationales, et, chose étrange, ceux-là mêmes qui avaient accueilli le retour de l'île d'Elbe avec des injures ou des malédictions, faisaient sonner le plus haut leur enthousiasme, et se montraient les plus empressés à fêter le régime impérial.

Parmi les plus ardents, il faut citer, encore une fois, l'évêque d'Avignon, Mgr Jean-François Périer, qui, brûlant ce qu'il avait adoré dans son mandement du 29 mars, faisait maintenant des vœux pour « *le héros qui détruisit l'anarchie* » et demandait au Ciel la conservation de l'Empereur ! Le prélat alla même jusqu'à verser le 15 avril la somme de *cent francs* pour « frais de guerre contre Louis XVIII !

Quelques semaines après, Mgr Périer, obligé de célébrer, de nouveau, le retour des Bourbons, cherchait à se tirer d'affaire en écrivant qu' « *au milieu des ouragans contraires si impétueux, on ne savait plus distinguer sa main droite d'avec sa main gauche!* » Ce langage, tout adroit qu'il voulût être, fut pourtant loin de profiter à son auteur (1).

Une députation de notables citoyens attendait Grouchy à la porte de l'Oulle ; son chef, M. Tissot, avocat, lui adressait un discours, dont les passages suivants méritent d'être cités.

« Monseigneur,

« C'est au nom des amis du gouvernement impérial, au nom de ceux des habitants de cette ville, qui, au milieu des dangers de la guerre civile, ont conservé le feu sacré de 1789, que nous venons déposer dans les mains de Votre Excellence, l'hommage de notre admiration, de notre dévouement, de notre inviolable fidélité pour Sa Majesté impériale, et celui de notre amour pour son épouse chérie, pour ce fils bien-aimé, qui, dans l'avenir, est le gage assuré de notre bonheur et de notre prospérité, comme son auguste père l'est aujourd'hui de notre salut individuel et de notre gloire nationale. . . . .

. . . .

« Puissent ceux qui ont été égarés par les menées

______

(1) Sa conduite en 1815. fut reprochée avec violence à Mgr Périer par le duc d'Angoulême en personne, lors d'un nouveau voyage qu'il fit à Avignon en 1819. Le prélat fut très durement reçu par le prince, qui, disent les contemporains, l'aurait même appelé *traître*! Mgr Perier donna sa démission, mais n'en conserva pas moins jusqu'en 1821 l'administration du diocèse.

perfides des ennemis de la patrie, se réunir bientôt à nous ! Puissent-ils concevoir qu'il est bien plus glorieux d'être au nombre de ceux qui doivent oublier qu'ils ont été les maîtres des nations (?) que de se battre pour les privilèges odieux d'une caste orgueilleuse qui les méprise, et porter les chaînes honteuses de l'esclavage féodal. Vive l'Empereur ! »

En un mot, le maréchal, accueilli par une foule en délire, pouvait se croire au milieu d'une population dévouée à son maître ; il n'était plus question du duc d'Angoulême, et Napoléon avait reconquis son empire, sans tirer un seul coup de fusil : l'avenir, qui n'est à personne, semblait appartenir à l'Empereur, dont l'étoile, brillant d'un nouvel éclat, paraissait être désormais à son apogée ! . . . .

On sait le reste ; deux mois après, la fortune de Napoléon sombrait à Waterloo, et le vainqueur du duc d'Angoulême se voyait imputer une part de responsabilité dans le désastre ; Grouchy, on le sait, vit longtemps peser sur lui l'accusation la plus terrible pour un soldat et dont il appartenait à Napoléon de faire justice à Ste-Hélène. Quant au général Radet, traduit devant le conseil de guerre de Besançon, il était condamné à *neuf ans de détention*, puis gracié.

En même temps que la famille royale rentrait triomphante à Paris, Napoléon, prisonnier des alliés, partait pour le rocher perdu au milieu des mers, qui devait être sa prison et son tombeau ; pas une voix ne s'éleva en faveur du grand vaincu, pas même celle du prince dont la vie avait été entre ses mains L'Empereur ne fit jamais ce reproche au duc ; un soir même (samedi 14 septembre 1816) qu'il causait avec ses compagnons d'exil, on

en vint à parler du retour de l'île d'Elbe : après
avoir, en quelques mots, innocenté Grouchy, Napoléon répondit à quelqu'un qui accusait la famille
royale d'avoir alors manqué de courage : « Vous
vous trompez, M. le comte d'Artois a volé à Lyon,
Mme la duchesse d'Angoulême s'est montrée à
Bordeaux en amazone, et M. le duc d'Angoulême
a marché en avant autant qu'il a pu ! » C'est tout
ce que l'Empereur pouvait dire au sujet de la tentative du prince, terminée si misérablement, mais
qui devait être le seul épisode à citer pendant la
période des Cent-Jours en Vaucluse.

www.ingramcontent.com/pod-product-compliance
Lightning Source LLC
Chambersburg PA
CBHW051252030726
47595CB00003B/1204